Date: _____

	Servings	Calories		Servings	Calories
Breakfast	_____	_____	**Snack**	_____	_____
	_____	_____		_____	_____
	_____	_____		_____	_____

	Servings	Calories		Servings	Calories
Lunch	_____	_____	**Snack**	_____	_____
	_____	_____		_____	_____
	_____	_____		_____	_____

	Servings	Calories		Servings	Calories
Dinner	_____	_____	**Snack**	_____	_____
	_____	_____		_____	_____
	_____	_____		_____	_____

Total Calories: _____

Fitness Activity	Duration	Calories
_____	_____	_____
_____	_____	_____
_____	_____	_____

Total Calories: _____

Notes:

AF006285

Date: _____

Breakfast	Servings	Calories	Snack	Servings	Calories
	_____	_____		_____	_____
	_____	_____		_____	_____
	_____	_____		_____	_____

Lunch	Servings	Calories	Snack	Servings	Calories
	_____	_____		_____	_____
	_____	_____		_____	_____
	_____	_____		_____	_____

Dinner	Servings	Calories	Snack	Servings	Calories
	_____	_____		_____	_____
	_____	_____		_____	_____
	_____	_____		_____	_____

Total Calories: _____

Fitness Activity	Duration	Calories
_____	_____	_____
_____	_____	_____
_____	_____	_____

Total Calories: _____

Notes:

_____
_____
_____
_____
_____
_____

Date: _____

Breakfast	Servings	Calories	Snack	Servings	Calories

Lunch	Servings	Calories	Snack	Servings	Calories

Dinner	Servings	Calories	Snack	Servings	Calories

Total Calories: _____

Fitness Activity	Duration	Calories

Total Calories: _____

Notes:

Date: _____

Breakfast	Servings	Calories		Snack	Servings	Calories
	_____	_____			_____	_____
	_____	_____			_____	_____
	_____	_____			_____	_____

Lunch	Servings	Calories		Snack	Servings	Calories
	_____	_____			_____	_____
	_____	_____			_____	_____
	_____	_____			_____	_____

Dinner	Servings	Calories		Snack	Servings	Calories
	_____	_____			_____	_____
	_____	_____			_____	_____
	_____	_____			_____	_____

Total Calories: _____

Fitness Activity	Duration	Calories
_____	_____	_____
_____	_____	_____
_____	_____	_____

Total Calories: _____

Notes:

_____

_____

_____

_____

_____

_____

Date: _____

Breakfast	Servings	Calories	Snack	Servings	Calories
	_____	_____		_____	_____
	_____	_____		_____	_____
	_____	_____		_____	_____

Lunch	Servings	Calories	Snack	Servings	Calories
	_____	_____		_____	_____
	_____	_____		_____	_____
	_____	_____		_____	_____

Dinner	Servings	Calories	Snack	Servings	Calories
	_____	_____		_____	_____
	_____	_____		_____	_____
	_____	_____		_____	_____

Total Calories: _____

Fitness Activity	Duration	Calories
_____	_____	_____
_____	_____	_____
_____	_____	_____

Total Calories: _____

Notes:

Date: _____

Breakfast	Servings	Calories	Snack	Servings	Calories
	_____	_____		_____	_____
	_____	_____		_____	_____
	_____	_____		_____	_____

Lunch	Servings	Calories	Snack	Servings	Calories
	_____	_____		_____	_____
	_____	_____		_____	_____
	_____	_____		_____	_____

Dinner	Servings	Calories	Snack	Servings	Calories
	_____	_____		_____	_____
	_____	_____		_____	_____
	_____	_____		_____	_____

Total Calories: _____

Fitness Activity	Duration	Calories
_____	_____	_____
_____	_____	_____
_____	_____	_____

Total Calories: _____

Notes:

_____

_____

_____

_____

_____

_____

Date: _____

Breakfast	Servings	Calories	Snack	Servings	Calories

Lunch	Servings	Calories	Snack	Servings	Calories

Dinner	Servings	Calories	Snack	Servings	Calories

Total Calories: _____

Fitness Activity	Duration	Calories

Total Calories: _____

Notes:

Date: _____

Breakfast	Servings	Calories	Snack	Servings	Calories

Lunch	Servings	Calories	Snack	Servings	Calories

Dinner	Servings	Calories	Snack	Servings	Calories

Total Calories: _____

Fitness Activity	Duration	Calories

Total Calories: _____

Notes:

Date: _____

Breakfast	Servings	Calories	Snack	Servings	Calories
	_____	_____		_____	_____
	_____	_____		_____	_____
	_____	_____		_____	_____

Lunch	Servings	Calories	Snack	Servings	Calories
	_____	_____		_____	_____
	_____	_____		_____	_____
	_____	_____		_____	_____

Dinner	Servings	Calories	Snack	Servings	Calories
	_____	_____		_____	_____
	_____	_____		_____	_____
	_____	_____		_____	_____

Total Calories: _____

Fitness Activity	Duration	Calories
_____	_____	_____
_____	_____	_____
_____	_____	_____

Total Calories: _____

Notes:

_____
_____
_____
_____
_____
_____

Date: _____

Breakfast	Servings	Calories	Snack	Servings	Calories

Lunch	Servings	Calories	Snack	Servings	Calories

Dinner	Servings	Calories	Snack	Servings	Calories

Total Calories: _____

Fitness Activity	Duration	Calories

Total Calories: _____

Notes:

Date: _____

Breakfast	Servings	Calories	Snack	Servings	Calories

Lunch	Servings	Calories	Snack	Servings	Calories

Dinner	Servings	Calories	Snack	Servings	Calories

Total Calories: _____

Fitness Activity	Duration	Calories

Total Calories: _____

Notes:

Date: _____

Breakfast	Servings	Calories	Snack	Servings	Calories
	_____	_____		_____	_____
	_____	_____		_____	_____
	_____	_____		_____	_____

Lunch	Servings	Calories	Snack	Servings	Calories
	_____	_____		_____	_____
	_____	_____		_____	_____
	_____	_____		_____	_____

Dinner	Servings	Calories	Snack	Servings	Calories
	_____	_____		_____	_____
	_____	_____		_____	_____
	_____	_____		_____	_____

Total Calories: _____

Fitness Activity	Duration	Calories
_____	_____	_____
_____	_____	_____
_____	_____	_____

Total Calories: _____

Notes:

_____

_____

_____

_____

_____

_____

Date: _____

Breakfast	Servings	Calories	Snack	Servings	Calories

Lunch	Servings	Calories	Snack	Servings	Calories

Dinner	Servings	Calories	Snack	Servings	Calories

Total Calories: _____

Fitness Activity	Duration	Calories

Total Calories: _____

Notes:

Date: _____

	Servings	Calories		Servings	Calories
Breakfast	_____ _____ _____	_____ _____ _____	**Snack**	_____ _____ _____	_____ _____ _____

	Servings	Calories		Servings	Calories
Lunch	_____ _____ _____	_____ _____ _____	**Snack**	_____ _____	_____ _____

	Servings	Calories		Servings	Calories
Dinner	_____ _____ _____	_____ _____ _____	**Snack**	_____ _____ _____	_____ _____ _____

Total Calories: _____

Fitness Activity	Duration	Calories
_____ _____ _____	_____ _____ _____	_____ _____ _____

Total Calories: _____

Notes:

_____
_____
_____
_____
_____
_____

Date: _____

	Servings	Calories		Servings	Calories
Breakfast	_____	_____	**Snack**	_____	_____
	_____	_____		_____	_____
	_____	_____		_____	_____

	Servings	Calories		Servings	Calories
Lunch	_____	_____	**Snack**	_____	_____
	_____	_____		_____	_____
	_____	_____		_____	_____

	Servings	Calories		Servings	Calories
Dinner	_____	_____	**Snack**	_____	_____
	_____	_____		_____	_____
	_____	_____		_____	_____

Total Calories: _____

Fitness Activity	Duration	Calories
_____	_____	_____
_____	_____	_____
_____	_____	_____

Total Calories: _____

Notes:

_____
_____
_____
_____
_____
_____

Date: _____

Breakfast	Servings	Calories	Snack	Servings	Calories
	_____	_____		_____	_____
	_____	_____		_____	_____
	_____	_____		_____	_____

Lunch	Servings	Calories	Snack	Servings	Calories
	_____	_____		_____	_____
	_____	_____		_____	_____
	_____	_____		_____	_____

Dinner	Servings	Calories	Snack	Servings	Calories
	_____	_____		_____	_____
	_____	_____		_____	_____
	_____	_____		_____	_____

Total Calories: _____

Fitness Activity	Duration	Calories
_____	_____	_____
_____	_____	_____
_____	_____	_____

Total Calories: _____

Notes:

_____

_____

_____

_____

_____

_____

Date: _____

Breakfast	Servings	Calories	Snack	Servings	Calories

Lunch	Servings	Calories	Snack	Servings	Calories

Dinner	Servings	Calories	Snack	Servings	Calories

Total Calories: _____

Fitness Activity	Duration	Calories

Total Calories: _____

Notes:

Date: _____

	Servings	Calories		Servings	Calories
Breakfast	_____	_____	**Snack**	_____	_____
Lunch	_____	_____	**Snack**	_____	_____
Dinner	_____	_____	**Snack**	_____	_____

Total Calories: _____

Fitness Activity	Duration	Calories
_____	_____	_____
_____	_____	_____
_____	_____	_____

Total Calories: _____

Notes:

_____

_____

_____

_____

_____

_____

Date: _____

Breakfast	Servings	Calories	Snack	Servings	Calories
	_____	_____		_____	_____
	_____	_____		_____	_____
	_____	_____		_____	_____

Lunch	Servings	Calories	Snack	Servings	Calories
	_____	_____		_____	_____
	_____	_____		_____	_____
	_____	_____		_____	_____

Dinner	Servings	Calories	Snack	Servings	Calories
	_____	_____		_____	_____
	_____	_____		_____	_____
	_____	_____		_____	_____

Total Calories: _____

Fitness Activity	Duration	Calories
_____	_____	_____
_____	_____	_____
_____	_____	_____

Total Calories: _____

Notes:

_____
_____
_____
_____
_____
_____

Date: _____

Breakfast	Servings	Calories	Snack	Servings	Calories
	_____	_____		_____	_____
	_____	_____		_____	_____
	_____	_____		_____	_____

Lunch	Servings	Calories	Snack	Servings	Calories
	_____	_____		_____	_____
	_____	_____		_____	_____
	_____	_____		_____	_____

Dinner	Servings	Calories	Snack	Servings	Calories
	_____	_____		_____	_____
	_____	_____		_____	_____
	_____	_____		_____	_____

Total Calories: _____

Fitness Activity	Duration	Calories
_____	_____	_____
_____	_____	_____
_____	_____	_____

Total Calories: _____

Notes:

_____
_____
_____
_____
_____
_____

Date: _____

	Servings	Calories		Servings	Calories
Breakfast	_____	_____	**Snack**	_____	_____
	Servings	Calories		Servings	Calories
Lunch	_____	_____	**Snack**	_____	_____
	Servings	Calories		Servings	Calories
Dinner	_____	_____	**Snack**	_____	_____

Total Calories: _____

Fitness Activity	Duration	Calories
_____	_____	_____
_____	_____	_____
_____	_____	_____

Total Calories: _____

Notes:

_____
_____
_____
_____
_____
_____

Date: _____

Breakfast	Servings	Calories	Snack	Servings	Calories

Lunch	Servings	Calories	Snack	Servings	Calories

Dinner	Servings	Calories	Snack	Servings	Calories

Total Calories: _____

Fitness Activity	Duration	Calories

Total Calories: _____

Notes:

Date: _____

Breakfast	Servings	Calories	Snack	Servings	Calories

Lunch	Servings	Calories	Snack	Servings	Calories

Dinner	Servings	Calories	Snack	Servings	Calories

Total Calories: _____

Fitness Activity	Duration	Calories

Total Calories: _____

Notes:

Date: _____

Breakfast	Servings	Calories	Snack	Servings	Calories
	_____	_____		_____	_____
	_____	_____		_____	_____
	_____	_____		_____	_____

Lunch	Servings	Calories	Snack	Servings	Calories
	_____	_____		_____	_____
	_____	_____		_____	_____
	_____	_____		_____	_____

Dinner	Servings	Calories	Snack	Servings	Calories
	_____	_____		_____	_____
	_____	_____		_____	_____
	_____	_____		_____	_____

Total Calories: _____

Fitness Activity	Duration	Calories
_____	_____	_____
_____	_____	_____
_____	_____	_____

Total Calories: _____

Notes:

_____

_____

_____

_____

_____

_____

Date: _____

Breakfast	Servings	Calories	Snack	Servings	Calories

Lunch	Servings	Calories	Snack	Servings	Calories

Dinner	Servings	Calories	Snack	Servings	Calories

Total Calories: _____

Fitness Activity	Duration	Calories

Total Calories: _____

Notes:

Date: _____

Breakfast	Servings	Calories	Snack	Servings	Calories
	_____	_____		_____	_____
	_____	_____		_____	_____
	_____	_____		_____	_____

Lunch	Servings	Calories	Snack	Servings	Calories
	_____	_____		_____	_____
	_____	_____		_____	_____
	_____	_____		_____	_____

Dinner	Servings	Calories	Snack	Servings	Calories
	_____	_____		_____	_____
	_____	_____		_____	_____
	_____	_____		_____	_____

Total Calories: _____

Fitness Activity	Duration	Calories
_____	_____	_____
_____	_____	_____
_____	_____	_____

Total Calories: _____

Notes:

_____

_____

_____

_____

_____

Date: _____

Breakfast	Servings	Calories	Snack	Servings	Calories
	_____	_____		_____	_____
	_____	_____		_____	_____
	_____	_____		_____	_____

Lunch	Servings	Calories	Snack	Servings	Calories
	_____	_____		_____	_____
	_____	_____		_____	_____
	_____	_____		_____	_____

Dinner	Servings	Calories	Snack	Servings	Calories
	_____	_____		_____	_____
	_____	_____		_____	_____
	_____	_____		_____	_____

Total Calories: _____

Fitness Activity	Duration	Calories
_____	_____	_____
_____	_____	_____
_____	_____	_____

Total Calories: _____

Notes:

_____
_____
_____
_____
_____
_____

Date: _____

Breakfast	Servings	Calories		Snack	Servings	Calories
	_____	_____			_____	_____
	_____	_____			_____	_____
	_____	_____			_____	_____

Lunch	Servings	Calories		Snack	Servings	Calories
	_____	_____			_____	_____
	_____	_____			_____	_____
	_____	_____			_____	_____

Dinner	Servings	Calories		Snack	Servings	Calories
	_____	_____			_____	_____
	_____	_____			_____	_____
	_____	_____			_____	_____

Total Calories: _____

Fitness Activity	Duration	Calories
_____	_____	_____
_____	_____	_____
_____	_____	_____

Total Calories: _____

Notes:

_____

_____

_____

_____

_____

_____

Date: _____

	Servings	Calories		Servings	Calories
Breakfast			**Snack**		

	Servings	Calories		Servings	Calories
Lunch			**Snack**		

	Servings	Calories		Servings	Calories
Dinner			**Snack**		

Total Calories: _____

Fitness Activity	Duration	Calories

Total Calories: _____

Notes:

Date:_____

	Servings	Calories		Servings	Calories
Breakfast	_____	_____	Snack	_____	_____
	_____	_____		_____	_____
	_____	_____		_____	_____

	Servings	Calories		Servings	Calories
Lunch	_____	_____	Snack	_____	_____
	_____	_____		_____	_____
	_____	_____		_____	_____

	Servings	Calories		Servings	Calories
Dinner	_____	_____	Snack	_____	_____
	_____	_____		_____	_____
	_____	_____		_____	_____

Total Calories:_____

Fitness Activity	Duration	Calories
_____	_____	_____
_____	_____	_____
_____	_____	_____

Total Calories:_____

Notes:

_____
_____
_____
_____
_____
_____

Date: _____

	Servings	Calories		Servings	Calories
Breakfast	_____	_____	**Snack**	_____	_____

	Servings	Calories		Servings	Calories
Lunch	_____	_____	**Snack**	_____	_____

	Servings	Calories		Servings	Calories
Dinner	_____	_____	**Snack**	_____	_____

Total Calories: _____

Fitness Activity	Duration	Calories
_____	_____	_____
_____	_____	_____
_____	_____	_____

Total Calories: _____

Notes:

_____
_____
_____
_____
_____
_____

Date: _____

Breakfast	Servings	Calories	Snack	Servings	Calories

Lunch	Servings	Calories	Snack	Servings	Calories

Dinner	Servings	Calories	Snack	Servings	Calories

Total Calories: _____

Fitness Activity	Duration	Calories

Total Calories: _____

Notes:

Date: _____

	Servings	Calories		Servings	Calories
Breakfast			**Snack**		
	Servings	Calories		Servings	Calories
Lunch			**Snack**		
	Servings	Calories		Servings	Calories
Dinner			**Snack**		

Total Calories: _____

Fitness Activity	Duration	Calories

Total Calories: _____

Notes:

Date: _____

Breakfast	Servings	Calories	Snack	Servings	Calories

Lunch	Servings	Calories	Snack	Servings	Calories

Dinner	Servings	Calories	Snack	Servings	Calories

Total Calories: _____

Fitness Activity	Duration	Calories

Total Calories: _____

Notes:

Date: _____

Breakfast	Servings	Calories	Snack	Servings	Calories

Lunch	Servings	Calories	Snack	Servings	Calories

Dinner	Servings	Calories	Snack	Servings	Calories

Total Calories: _____

Fitness Activity	Duration	Calories

Total Calories: _____

Notes:

Date: _____

Breakfast	Servings	Calories	Snack	Servings	Calories
	___	___		___	___
	___	___		___	___
	___	___		___	___

Lunch	Servings	Calories	Snack	Servings	Calories
	___	___		___	___
	___	___		___	___
	___	___		___	___

Dinner	Servings	Calories	Snack	Servings	Calories
	___	___		___	___
	___	___		___	___
	___	___		___	___

Total Calories: _____

Fitness Activity	Duration	Calories
___	___	___
___	___	___
___	___	___

Total Calories: _____

Notes:

Date: _____

Breakfast	Servings	Calories	Snack	Servings	Calories

Lunch	Servings	Calories	Snack	Servings	Calories

Dinner	Servings	Calories	Snack	Servings	Calories

Total Calories: _____

Fitness Activity	Duration	Calories

Total Calories: _____

Notes:

Date: _____

Breakfast	Servings	Calories	Snack	Servings	Calories

Lunch	Servings	Calories	Snack	Servings	Calories

Dinner	Servings	Calories	Snack	Servings	Calories

Total Calories: _____

Fitness Activity	Duration	Calories

Total Calories: _____

Notes:

Date: _____

Breakfast	Servings	Calories	Snack	Servings	Calories
	_____	_____		_____	_____
	_____	_____		_____	_____
	_____	_____		_____	_____

Lunch	Servings	Calories	Snack	Servings	Calories
	_____	_____		_____	_____
	_____	_____		_____	_____
	_____	_____		_____	_____

Dinner	Servings	Calories	Snack	Servings	Calories
	_____	_____		_____	_____
	_____	_____		_____	_____
	_____	_____		_____	_____

Total Calories: _____

Fitness Activity	Duration	Calories
_____	_____	_____
_____	_____	_____
_____	_____	_____

Total Calories: _____

Notes:
_____
_____
_____
_____
_____
_____

Date: _____

Breakfast	Servings	Calories	Snack	Servings	Calories
	_____	_____		_____	_____
	_____	_____		_____	_____
	_____	_____		_____	_____

Lunch	Servings	Calories	Snack	Servings	Calories
	_____	_____		_____	_____
	_____	_____		_____	_____
	_____	_____		_____	_____

Dinner	Servings	Calories	Snack	Servings	Calories
	_____	_____		_____	_____
	_____	_____		_____	_____
	_____	_____		_____	_____

Total Calories: _____

Fitness Activity	Duration	Calories
_____	_____	_____
_____	_____	_____
_____	_____	_____

Total Calories: _____

Notes:

_____

_____

_____

_____

_____

_____

Date: _____

Breakfast	Servings	Calories	Snack	Servings	Calories

Lunch	Servings	Calories	Snack	Servings	Calories

Dinner	Servings	Calories	Snack	Servings	Calories

Total Calories: _____

Fitness Activity	Duration	Calories

Total Calories: _____

Notes:

Date: _____

	Servings	Calories		Servings	Calories
Breakfast	_____ _____ _____	_____ _____ _____	**Snack**	_____ _____ _____	_____ _____ _____
Lunch	_____ _____ _____	_____ _____ _____	**Snack**	_____ _____ _____	_____ _____ _____
Dinner	_____ _____ _____	_____ _____ _____	**Snack**	_____ _____ _____	_____ _____ _____

Total Calories: _____

Fitness Activity	Duration	Calories
_____ _____ _____	_____ _____ _____	_____ _____ _____

Total Calories: _____

Notes:

_____
_____
_____
_____
_____
_____

Date: _____

	Servings	Calories		Servings	Calories
Breakfast	_____ _____ _____	_____ _____ _____	**Snack**	_____ _____ _____	_____ _____ _____

	Servings	Calories		Servings	Calories
Lunch	_____ _____ _____	_____ _____ _____	**Snack**	_____ _____ _____	_____ _____ _____

	Servings	Calories		Servings	Calories
Dinner	_____ _____ _____	_____ _____ _____	**Snack**	_____ _____ _____	_____ _____ _____

Total Calories: _____

Fitness Activity	Duration	Calories
_____ _____ _____	_____ _____ _____	_____ _____ _____

Total Calories: _____

Notes:

_____
_____
_____
_____
_____
_____

Date: _____

Breakfast	Servings	Calories	Snack	Servings	Calories
	_____	_____		_____	_____
	_____	_____		_____	_____
	_____	_____		_____	_____

Lunch	Servings	Calories	Snack	Servings	Calories
	_____	_____		_____	_____
	_____	_____		_____	_____
	_____	_____		_____	_____

Dinner	Servings	Calories	Snack	Servings	Calories
	_____	_____		_____	_____
	_____	_____		_____	_____
	_____	_____		_____	_____

Total Calories: _____

Fitness Activity	Duration	Calories
_____	_____	_____
_____	_____	_____
_____	_____	_____

Total Calories: _____

Notes:

_____

_____

_____

_____

_____

_____

Date: _____

Breakfast	Servings	Calories	Snack	Servings	Calories
	_____	_____		_____	_____
	_____	_____		_____	_____
	_____	_____		_____	_____

Lunch	Servings	Calories	Snack	Servings	Calories
	_____	_____		_____	_____
	_____	_____		_____	_____
	_____	_____		_____	_____

Dinner	Servings	Calories	Snack	Servings	Calories
	_____	_____		_____	_____
	_____	_____		_____	_____
	_____	_____		_____	_____

Total Calories: _____

Fitness Activity	Duration	Calories
_____	_____	_____
_____	_____	_____
_____	_____	_____

Total Calories: _____

Notes:

_____

_____

_____

_____

_____

_____

Date: _____

Breakfast	Servings	Calories	Snack	Servings	Calories
	_____	_____		_____	_____
	_____	_____		_____	_____
	_____	_____		_____	_____

Lunch	Servings	Calories	Snack	Servings	Calories
	_____	_____		_____	_____
	_____	_____		_____	_____
	_____	_____		_____	_____

Dinner	Servings	Calories	Snack	Servings	Calories
	_____	_____		_____	_____
	_____	_____		_____	_____
	_____	_____		_____	_____

Total Calories: _____

Fitness Activity	Duration	Calories
_____	_____	_____
_____	_____	_____
_____	_____	_____

Total Calories: _____

Notes:

_____

_____

_____

_____

_____

_____

Date: _____

Breakfast	Servings	Calories	Snack	Servings	Calories

Lunch	Servings	Calories	Snack	Servings	Calories

Dinner	Servings	Calories	Snack	Servings	Calories

Total Calories: _____

Fitness Activity	Duration	Calories

Total Calories: _____

Notes:
_____
_____
_____
_____
_____
_____

Date:_____

Breakfast	Servings	Calories	Snack	Servings	Calories

Lunch	Servings	Calories	Snack	Servings	Calories

Dinner	Servings	Calories	Snack	Servings	Calories

Total Calories:_____

Fitness Activity	Duration	Calories

Total Calories:_____

Notes:

Date: _____

Breakfast	Servings	Calories	Snack	Servings	Calories
	_____	_____		_____	_____
	_____	_____		_____	_____
	_____	_____		_____	_____

Lunch	Servings	Calories	Snack	Servings	Calories
	_____	_____		_____	_____
	_____	_____		_____	_____
	_____	_____		_____	_____

Dinner	Servings	Calories	Snack	Servings	Calories
	_____	_____		_____	_____
	_____	_____		_____	_____
	_____	_____		_____	_____

Total Calories: _____

Fitness Activity	Duration	Calories
_____	_____	_____
_____	_____	_____
_____	_____	_____

Total Calories: _____

Notes:

_____
_____
_____
_____
_____
_____

Date: _____

Breakfast	Servings	Calories	Snack	Servings	Calories

Lunch	Servings	Calories	Snack	Servings	Calories

Dinner	Servings	Calories	Snack	Servings	Calories

Total Calories: _____

Fitness Activity	Duration	Calories

Total Calories: _____

Notes:

Date: _____

Breakfast	Servings	Calories	Snack	Servings	Calories

Lunch	Servings	Calories	Snack	Servings	Calories

Dinner	Servings	Calories	Snack	Servings	Calories

Total Calories: _____

Fitness Activity	Duration	Calories

Total Calories: _____

Notes:

Date: _____

Breakfast	Servings	Calories	Snack	Servings	Calories
	_____	_____		_____	_____
	_____	_____		_____	_____
	_____	_____		_____	_____

Lunch	Servings	Calories	Snack	Servings	Calories
	_____	_____		_____	_____
	_____	_____		_____	_____
	_____	_____		_____	_____

Dinner	Servings	Calories	Snack	Servings	Calories
	_____	_____		_____	_____
	_____	_____		_____	_____
	_____	_____		_____	_____

Total Calories: _____

Fitness Activity	Duration	Calories
_____	_____	_____
_____	_____	_____
_____	_____	_____

Total Calories: _____

Notes:

_____
_____
_____
_____
_____
_____

Date: _____

Breakfast	Servings	Calories	Snack	Servings	Calories
	_____	_____		_____	_____
	_____	_____		_____	_____
	_____	_____		_____	_____

Lunch	Servings	Calories	Snack	Servings	Calories
	_____	_____		_____	_____
	_____	_____		_____	_____
	_____	_____		_____	_____

Dinner	Servings	Calories	Snack	Servings	Calories
	_____	_____		_____	_____
	_____	_____		_____	_____
	_____	_____		_____	_____

Total Calories: _____

Fitness Activity	Duration	Calories
_____	_____	_____
_____	_____	_____
_____	_____	_____

Total Calories: _____

Notes:

_____

_____

_____

_____

_____

Date:_____

Breakfast	Servings	Calories	Snack	Servings	Calories
	_____	_____		_____	_____
	_____	_____		_____	_____
	_____	_____		_____	_____

Lunch	Servings	Calories	Snack	Servings	Calories
	_____	_____		_____	_____
	_____	_____		_____	_____
	_____	_____		_____	_____

Dinner	Servings	Calories	Snack	Servings	Calories
	_____	_____		_____	_____
	_____	_____		_____	_____
	_____	_____		_____	_____

Total Calories:_____

Fitness Activity	Duration	Calories
_____	_____	_____
_____	_____	_____
_____	_____	_____

Total Calories:_____

Notes:

_____
_____
_____
_____
_____
_____

Date: _____

	Servings	Calories		Servings	Calories
Breakfast	_____	_____	**Snack**	_____	_____
	_____	_____		_____	_____
	_____	_____		_____	_____

	Servings	Calories		Servings	Calories
Lunch	_____	_____	**Snack**	_____	_____
	_____	_____		_____	_____
	_____	_____		_____	_____

	Servings	Calories		Servings	Calories
Dinner	_____	_____	**Snack**	_____	_____
	_____	_____		_____	_____
	_____	_____		_____	_____

Total Calories: _____

Fitness Activity	Duration	Calories
_____	_____	_____
_____	_____	_____
_____	_____	_____

Total Calories: _____

Notes:

_____

_____

_____

_____

_____

Date: _____

Breakfast	Servings	Calories	Snack	Servings	Calories
	_____	_____		_____	_____
	_____	_____		_____	_____
	_____	_____		_____	_____

Lunch	Servings	Calories	Snack	Servings	Calories
	_____	_____		_____	_____
	_____	_____		_____	_____
	_____	_____		_____	_____

Dinner	Servings	Calories	Snack	Servings	Calories
	_____	_____		_____	_____
	_____	_____		_____	_____
	_____	_____		_____	_____

Total Calories: _____

Fitness Activity	Duration	Calories
_____	_____	_____
_____	_____	_____
_____	_____	_____

Total Calories: _____

Notes:

_____

_____

_____

_____

_____

_____

Date: _____

	Servings	Calories		Servings	Calories
Breakfast			**Snack**		

	Servings	Calories		Servings	Calories
Lunch			**Snack**		

	Servings	Calories		Servings	Calories
Dinner			**Snack**		

Total Calories: _____

Fitness Activity	Duration	Calories

Total Calories: _____

Notes:

Date: _____

Breakfast	Servings	Calories	Snack	Servings	Calories
	_____	_____		_____	_____
	_____	_____		_____	_____
	_____	_____		_____	_____

Lunch	Servings	Calories	Snack	Servings	Calories
	_____	_____		_____	_____
	_____	_____		_____	_____
	_____	_____		_____	_____

Dinner	Servings	Calories	Snack	Servings	Calories
	_____	_____		_____	_____
	_____	_____		_____	_____
	_____	_____		_____	_____

Total Calories: _____

Fitness Activity	Duration	Calories
_____	_____	_____
_____	_____	_____
_____	_____	_____

Total Calories: _____

Notes:

_____
_____
_____
_____
_____
_____

Date: _____

Breakfast	Servings	Calories	Snack	Servings	Calories

Lunch	Servings	Calories	Snack	Servings	Calories

Dinner	Servings	Calories	Snack	Servings	Calories

Total Calories: _____

Fitness Activity	Duration	Calories

Total Calories: _____

Notes:

Date: _____

	Servings	Calories		Servings	Calories
Breakfast	_____ _____ _____	_____ _____ _____	**Snack**	_____ _____ _____	_____ _____ _____

	Servings	Calories		Servings	Calories
Lunch	_____ _____ _____	_____ _____ _____	**Snack**	_____ _____ _____	_____ _____ _____

	Servings	Calories		Servings	Calories
Dinner	_____ _____ _____	_____ _____ _____	**Snack**	_____ _____ _____	_____ _____ _____

Total Calories: _____

Fitness Activity	Duration	Calories
_____ _____ _____	_____ _____ _____	_____ _____ _____

Total Calories: _____

Notes:

_____
_____
_____
_____
_____
_____

Date: _____

Breakfast	Servings	Calories	Snack	Servings	Calories

Lunch	Servings	Calories	Snack	Servings	Calories

Dinner	Servings	Calories	Snack	Servings	Calories

Total Calories: _____

Fitness Activity	Duration	Calories

Total Calories: _____

Notes:

Date: _____

Breakfast	Servings	Calories	Snack	Servings	Calories
	_____	_____		_____	_____
	_____	_____		_____	_____
	_____	_____		_____	_____

Lunch	Servings	Calories	Snack	Servings	Calories
	_____	_____		_____	_____
	_____	_____		_____	_____
	_____	_____		_____	_____

Dinner	Servings	Calories	Snack	Servings	Calories
	_____	_____		_____	_____
	_____	_____		_____	_____
	_____	_____		_____	_____

Total Calories: _____

Fitness Activity	Duration	Calories
_____	_____	_____
_____	_____	_____
_____	_____	_____

Total Calories: _____

Notes:

_____

_____

_____

_____

_____

_____

Date: _____

Breakfast	Servings	Calories	Snack	Servings	Calories
	_____	_____		_____	_____
	_____	_____		_____	_____
	_____	_____		_____	_____

Lunch	Servings	Calories	Snack	Servings	Calories
	_____	_____		_____	_____
	_____	_____		_____	_____
	_____	_____		_____	_____

Dinner	Servings	Calories	Snack	Servings	Calories
	_____	_____		_____	_____
	_____	_____		_____	_____
	_____	_____		_____	_____

Total Calories: _____

Fitness Activity	Duration	Calories
_____	_____	_____
_____	_____	_____
_____	_____	_____

Total Calories: _____

Notes:

Date: _____

Breakfast	Servings	Calories	Snack	Servings	Calories

Lunch	Servings	Calories	Snack	Servings	Calories

Dinner	Servings	Calories	Snack	Servings	Calories

Total Calories: _____

Fitness Activity	Duration	Calories

Total Calories: _____

Notes:

Date: _____

Breakfast	Servings	Calories	Snack	Servings	Calories

Lunch	Servings	Calories	Snack	Servings	Calories

Dinner	Servings	Calories	Snack	Servings	Calories

Total Calories: _____

Fitness Activity	Duration	Calories

Total Calories: _____

Notes:

Date: _____

Breakfast	Servings	Calories	Snack	Servings	Calories

Lunch	Servings	Calories	Snack	Servings	Calories

Dinner	Servings	Calories	Snack	Servings	Calories

Total Calories: _____

Fitness Activity	Duration	Calories

Total Calories: _____

Notes:

Date: _____

	Servings	Calories		Servings	Calories
Breakfast			**Snack**		

	Servings	Calories		Servings	Calories
Lunch			**Snack**		

	Servings	Calories		Servings	Calories
Dinner			**Snack**		

Total Calories: _____

Fitness Activity	Duration	Calories

Total Calories: _____

Notes:

Date: _____

Breakfast	Servings	Calories	Snack	Servings	Calories

Lunch	Servings	Calories	Snack	Servings	Calories

Dinner	Servings	Calories	Snack	Servings	Calories

Total Calories: _____

Fitness Activity	Duration	Calories

Total Calories: _____

Notes:

_____

_____

_____

_____

_____

_____

Date: _____

	Servings	Calories		Servings	Calories
Breakfast	_____ _____ _____	_____ _____ _____	**Snack**	_____ _____ _____	_____ _____ _____

	Servings	Calories		Servings	Calories
Lunch	_____ _____ _____	_____ _____ _____	**Snack**	_____ _____ _____	_____ _____ _____

	Servings	Calories		Servings	Calories
Dinner	_____ _____ _____	_____ _____ _____	**Snack**	_____ _____ _____	_____ _____ _____

Total Calories: _____

Fitness Activity	Duration	Calories
_____ _____ _____	_____ _____ _____	_____ _____ _____

Total Calories: _____

Notes:

_____
_____
_____
_____
_____
_____

Date: _____

Breakfast	Servings	Calories	Snack	Servings	Calories
	_____	_____		_____	_____
	_____	_____		_____	_____
	_____	_____		_____	_____

Lunch	Servings	Calories	Snack	Servings	Calories
	_____	_____		_____	_____
	_____	_____		_____	_____
	_____	_____		_____	_____

Dinner	Servings	Calories	Snack	Servings	Calories
	_____	_____		_____	_____
	_____	_____		_____	_____
	_____	_____		_____	_____

Total Calories: _____

Fitness Activity	Duration	Calories
_____	_____	_____
_____	_____	_____
_____	_____	_____

Total Calories: _____

Notes:

_____
_____
_____
_____
_____
_____

Date: _____

Breakfast	Servings	Calories	Snack	Servings	Calories

Lunch	Servings	Calories	Snack	Servings	Calories

Dinner	Servings	Calories	Snack	Servings	Calories

Total Calories: _____

Fitness Activity	Duration	Calories

Total Calories: _____

Notes:

Date: _____

Breakfast	Servings	Calories	Snack	Servings	Calories

Lunch	Servings	Calories	Snack	Servings	Calories

Dinner	Servings	Calories	Snack	Servings	Calories

Total Calories: _____

Fitness Activity	Duration	Calories

Total Calories: _____

Notes:

Date: _____

Breakfast	Servings	Calories	Snack	Servings	Calories

Lunch	Servings	Calories	Snack	Servings	Calories

Dinner	Servings	Calories	Snack	Servings	Calories

Total Calories: _____

Fitness Activity	Duration	Calories

Total Calories: _____

Notes:

_____
_____
_____
_____
_____
_____

Date: _____

	Servings	Calories		Servings	Calories
Breakfast	_____ _____ _____	_____ _____ _____	**Snack**	_____ _____ _____	_____ _____ _____
Lunch	_____ _____ _____	_____ _____ _____	**Snack**	_____ _____ _____	_____ _____ _____
Dinner	_____ _____ _____	_____ _____ _____	**Snack**	_____ _____ _____	_____ _____ _____

Total Calories: _____

Fitness Activity	Duration	Calories
_____ _____ _____	_____ _____ _____	_____ _____ _____

Total Calories: _____

Notes:

_____
_____
_____
_____
_____
_____

Date: _____

Breakfast	Servings	Calories	Snack	Servings	Calories

Lunch	Servings	Calories	Snack	Servings	Calories

Dinner	Servings	Calories	Snack	Servings	Calories

Total Calories: _____

Fitness Activity	Duration	Calories

Total Calories: _____

Notes:

Date: _____

Breakfast	Servings	Calories	Snack	Servings	Calories
	____	____		____	____
	____	____		____	____
	____	____		____	____

Lunch	Servings	Calories	Snack	Servings	Calories
	____	____		____	____
	____	____		____	____
	____	____		____	____

Dinner	Servings	Calories	Snack	Servings	Calories
	____	____		____	____
	____	____		____	____
	____	____		____	____

Total Calories: _____

Fitness Activity	Duration	Calories
____	____	____
____	____	____
____	____	____

Total Calories: _____

Notes:

_____
_____
_____
_____
_____
_____

Date: _____

Breakfast	Servings	Calories	Snack	Servings	Calories

Lunch	Servings	Calories	Snack	Servings	Calories

Dinner	Servings	Calories	Snack	Servings	Calories

Total Calories: _____

Fitness Activity	Duration	Calories

Total Calories: _____

Notes:

Date: _____

Breakfast	Servings	Calories	Snack	Servings	Calories
	_____	_____		_____	_____
	_____	_____		_____	_____
	_____	_____		_____	_____

Lunch	Servings	Calories	Snack	Servings	Calories
	_____	_____		_____	_____
	_____	_____		_____	_____
	_____	_____		_____	_____

Dinner	Servings	Calories	Snack	Servings	Calories
	_____	_____		_____	_____
	_____	_____		_____	_____
	_____	_____		_____	_____

Total Calories: _____

Fitness Activity	Duration	Calories
_____	_____	_____
_____	_____	_____
_____	_____	_____

Total Calories: _____

Notes:

_____

_____

_____

_____

_____

_____

Date: _____

Breakfast	Servings	Calories	Snack	Servings	Calories
	_____	_____		_____	_____
	_____	_____		_____	_____
	_____	_____		_____	_____

Lunch	Servings	Calories	Snack	Servings	Calories
	_____	_____		_____	_____
	_____	_____		_____	_____
	_____	_____		_____	_____

Dinner	Servings	Calories	Snack	Servings	Calories
	_____	_____		_____	_____
	_____	_____		_____	_____
	_____	_____		_____	_____

Total Calories: _____

Fitness Activity	Duration	Calories
_____	_____	_____
_____	_____	_____
_____	_____	_____

Total Calories: _____

Notes:

_____
_____
_____
_____
_____
_____

Date: _____

Breakfast	Servings	Calories	Snack	Servings	Calories
	_____	_____		_____	_____
	_____	_____		_____	_____
	_____	_____		_____	_____

Lunch	Servings	Calories	Snack	Servings	Calories
	_____	_____		_____	_____
	_____	_____		_____	_____
	_____	_____		_____	_____

Dinner	Servings	Calories	Snack	Servings	Calories
	_____	_____		_____	_____
	_____	_____		_____	_____
	_____	_____		_____	_____

Total Calories: _____

Fitness Activity	Duration	Calories
_____	_____	_____
_____	_____	_____
_____	_____	_____

Total Calories: _____

Notes:

_____

_____

_____

_____

_____

_____

Date: _____

Breakfast	Servings	Calories	Snack	Servings	Calories

Lunch	Servings	Calories	Snack	Servings	Calories

Dinner	Servings	Calories	Snack	Servings	Calories

Total Calories: _____

Fitness Activity	Duration	Calories

Total Calories: _____

Notes:

Date: _____

Breakfast	Servings	Calories		Snack	Servings	Calories
	_____	_____			_____	_____
	_____	_____			_____	_____
	_____	_____			_____	_____

Lunch	Servings	Calories		Snack	Servings	Calories
	_____	_____			_____	_____
	_____	_____			_____	_____
	_____	_____			_____	_____

Dinner	Servings	Calories		Snack	Servings	Calories
	_____	_____			_____	_____
	_____	_____			_____	_____
	_____	_____			_____	_____

Total Calories: _____

Fitness Activity	Duration	Calories
_____	_____	_____
_____	_____	_____
_____	_____	_____

Total Calories: _____

Notes:

_____

_____

_____

_____

_____

_____

Date: _____

	Servings	Calories		Servings	Calories
Breakfast	_____ _____ _____	_____ _____ _____	**Snack**	_____ _____ _____	_____ _____ _____

	Servings	Calories		Servings	Calories
Lunch	_____ _____ _____	_____ _____ _____	**Snack**	_____ _____ _____	_____ _____ _____

	Servings	Calories		Servings	Calories
Dinner	_____ _____ _____	_____ _____ _____	**Snack**	_____ _____ _____	_____ _____ _____

Total Calories: _____

Fitness Activity	Duration	Calories
_____ _____ _____	_____ _____ _____	_____ _____ _____

Total Calories: _____

Notes:

_____

_____

_____

_____

_____

_____

Date: _____

Breakfast	Servings	Calories	Snack	Servings	Calories
	_____	_____		_____	_____
	_____	_____		_____	_____
	_____	_____		_____	_____

Lunch	Servings	Calories	Snack	Servings	Calories
	_____	_____		_____	_____
	_____	_____		_____	_____
	_____	_____		_____	_____

Dinner	Servings	Calories	Snack	Servings	Calories
	_____	_____		_____	_____
	_____	_____		_____	_____
	_____	_____		_____	_____

Total Calories: _____

Fitness Activity	Duration	Calories
_____	_____	_____
_____	_____	_____
_____	_____	_____

Total Calories: _____

Notes:

_____
_____
_____
_____
_____
_____

Date: _____

Breakfast	Servings	Calories	Snack	Servings	Calories

Lunch	Servings	Calories	Snack	Servings	Calories

Dinner	Servings	Calories	Snack	Servings	Calories

Total Calories: _____

Fitness Activity	Duration	Calories

Total Calories: _____

Notes:

_____
_____
_____
_____
_____
_____

Date: _____

Breakfast	Servings	Calories	Snack	Servings	Calories
	_____	_____		_____	_____
	_____	_____		_____	_____
	_____	_____		_____	_____

Lunch	Servings	Calories	Snack	Servings	Calories
	_____	_____		_____	_____
	_____	_____		_____	_____
	_____	_____		_____	_____

Dinner	Servings	Calories	Snack	Servings	Calories
	_____	_____		_____	_____
	_____	_____		_____	_____
	_____	_____		_____	_____

Total Calories: _____

Fitness Activity	Duration	Calories
_____	_____	_____
_____	_____	_____
_____	_____	_____

Total Calories: _____

Notes:

_____

_____

_____

_____

_____

_____

Date: _____

Breakfast	Servings	Calories	Snack	Servings	Calories

Lunch	Servings	Calories	Snack	Servings	Calories

Dinner	Servings	Calories	Snack	Servings	Calories

Total Calories: _____

Fitness Activity	Duration	Calories

Total Calories: _____

Notes:

Date: _____

Breakfast	Servings	Calories	Snack	Servings	Calories

Lunch	Servings	Calories	Snack	Servings	Calories

Dinner	Servings	Calories	Snack	Servings	Calories

Total Calories: _____

Fitness Activity	Duration	Calories

Total Calories: _____

Notes:

Date: _____

Breakfast	Servings	Calories	Snack	Servings	Calories
	_____	_____		_____	_____
	_____	_____		_____	_____
	_____	_____		_____	_____

Lunch	Servings	Calories	Snack	Servings	Calories
	_____	_____		_____	_____
	_____	_____		_____	_____
	_____	_____		_____	_____

Dinner	Servings	Calories	Snack	Servings	Calories
	_____	_____		_____	_____
	_____	_____		_____	_____
	_____	_____		_____	_____

Total Calories: _____

Fitness Activity	Duration	Calories
_____	_____	_____
_____	_____	_____
_____	_____	_____

Total Calories: _____

Notes:

_____

_____

_____

_____

_____

_____

Date: _____

Breakfast	Servings	Calories	Snack	Servings	Calories

Lunch	Servings	Calories	Snack	Servings	Calories

Dinner	Servings	Calories	Snack	Servings	Calories

Total Calories: _____

Fitness Activity	Duration	Calories

Total Calories: _____

Notes:

_____

_____

_____

_____

_____

_____

Date: _____

Breakfast	Servings	Calories	Snack	Servings	Calories

Lunch	Servings	Calories	Snack	Servings	Calories

Dinner	Servings	Calories	Snack	Servings	Calories

Total Calories: _____

Fitness Activity	Duration	Calories

Total Calories: _____

Notes:

Date: _____

Breakfast	Servings	Calories	Snack	Servings	Calories
	_____	_____		_____	_____
	_____	_____		_____	_____
	_____	_____		_____	_____

Lunch	Servings	Calories	Snack	Servings	Calories
	_____	_____		_____	_____
	_____	_____		_____	_____
	_____	_____		_____	_____

Dinner	Servings	Calories	Snack	Servings	Calories
	_____	_____		_____	_____
	_____	_____		_____	_____

Total Calories: _____

Fitness Activity	Duration	Calories
_____	_____	_____
_____	_____	_____
_____	_____	_____

Total Calories: _____

Notes:

_____
_____
_____
_____
_____
_____

Date: _____

Breakfast	Servings	Calories	Snack	Servings	Calories
	_____	_____		_____	_____
	_____	_____		_____	_____
	_____	_____		_____	_____

Lunch	Servings	Calories	Snack	Servings	Calories
	_____	_____		_____	_____
	_____	_____		_____	_____
	_____	_____		_____	_____

Dinner	Servings	Calories	Snack	Servings	Calories
	_____	_____		_____	_____
	_____	_____		_____	_____
	_____	_____		_____	_____

Total Calories: _____

Fitness Activity	Duration	Calories
_____	_____	_____
_____	_____	_____
_____	_____	_____

Total Calories: _____

Notes:

_____
_____
_____
_____
_____
_____
_____

Date: _____

Breakfast	Servings	Calories	Snack	Servings	Calories

Lunch	Servings	Calories	Snack	Servings	Calories

Dinner	Servings	Calories	Snack	Servings	Calories

Total Calories: _____

Fitness Activity	Duration	Calories

Total Calories: _____

Notes:

Date: _____

	Servings	Calories		Servings	Calories
Breakfast	_____ _____ _____	_____ _____ _____	**Snack**	_____ _____ _____	_____ _____ _____

	Servings	Calories		Servings	Calories
Lunch	_____ _____ _____	_____ _____ _____	**Snack**	_____ _____ _____	_____ _____ _____

	Servings	Calories		Servings	Calories
Dinner	_____ _____ _____	_____ _____ _____	**Snack**	_____ _____ _____	_____ _____ _____

Total Calories: _____

Fitness Activity	Duration	Calories
_____ _____ _____	_____ _____ _____	_____ _____ _____

Total Calories: _____

Notes:

_____
_____
_____
_____
_____

Date: _____

	Servings	Calories		Servings	Calories
Breakfast			**Snack**		

	Servings	Calories		Servings	Calories
Lunch			**Snack**		

	Servings	Calories		Servings	Calories
Dinner			**Snack**		

Total Calories: _____

Fitness Activity	Duration	Calories

Total Calories: _____

Notes:

Date: _____

Breakfast	Servings	Calories	Snack	Servings	Calories
	_____	_____		_____	_____
	_____	_____		_____	_____
	_____	_____		_____	_____

Lunch	Servings	Calories	Snack	Servings	Calories
	_____	_____		_____	_____
	_____	_____		_____	_____
	_____	_____		_____	_____

Dinner	Servings	Calories	Snack	Servings	Calories
	_____	_____		_____	_____
	_____	_____		_____	_____
	_____	_____		_____	_____

Total Calories: _____

Fitness Activity	Duration	Calories
_____	_____	_____
_____	_____	_____
_____	_____	_____

Total Calories: _____

Notes:

_____
_____
_____
_____
_____
_____

Date: _____

Breakfast	Servings	Calories	Snack	Servings	Calories
	_____	_____		_____	_____
	_____	_____		_____	_____
	_____	_____		_____	_____

Lunch	Servings	Calories	Snack	Servings	Calories
	_____	_____		_____	_____
	_____	_____		_____	_____
	_____	_____		_____	_____

Dinner	Servings	Calories	Snack	Servings	Calories
	_____	_____		_____	_____
	_____	_____		_____	_____
	_____	_____		_____	_____

Total Calories: _____

Fitness Activity	Duration	Calories
_____	_____	_____
_____	_____	_____
_____	_____	_____

Total Calories: _____

Notes:

_____

_____

_____

_____

_____

Date: _____

	Servings	Calories		Servings	Calories
Breakfast	_____	_____	**Snack**	_____	_____
	_____	_____		_____	_____
	_____	_____		_____	_____

	Servings	Calories		Servings	Calories
Lunch	_____	_____	**Snack**	_____	_____
	_____	_____		_____	_____
	_____	_____		_____	_____

	Servings	Calories		Servings	Calories
Dinner	_____	_____	**Snack**	_____	_____
	_____	_____		_____	_____
	_____	_____		_____	_____

Total Calories: _____

Fitness Activity	Duration	Calories
_____	_____	_____
_____	_____	_____
_____	_____	_____

Total Calories: _____

Notes:

_____

_____

_____

_____

_____

_____

Date: _____

Breakfast	Servings	Calories	Snack	Servings	Calories
	_____	_____		_____	_____
	_____	_____		_____	_____
	_____	_____		_____	_____

Lunch	Servings	Calories	Snack	Servings	Calories
	_____	_____		_____	_____
	_____	_____		_____	_____
	_____	_____		_____	_____

Dinner	Servings	Calories	Snack	Servings	Calories
	_____	_____		_____	_____
	_____	_____		_____	_____
	_____	_____		_____	_____

Total Calories: _____

Fitness Activity	Duration	Calories
_____	_____	_____
_____	_____	_____
_____	_____	_____

Total Calories: _____

Notes:

_____

_____

_____

_____

_____

www.ingramcontent.com/pod-product-compliance
Ingram Content Group UK Ltd.
Pitfield, Milton Keynes, MK11 3LW, UK
UKHW022240230426
12048UKWH00018BA/1379